AF564186

Plaine. Recherches bibliogr. sur les livres liturgiques de Bretagne.

BULLETIN

DE LA

SOCIÉTÉ ARCHÉOLOGIQUE

DU FINISTÈRE

TOME XIV

PROCÈS-VERBAUX & MÉMOIRES

4e LIVRAISON DE 1887.

La prochaine réunion de la Société archéologique aura lieu le Jeudi 26 Mai 1887.

QUIMPER

IMPRIMERIE CAEN. — A. JAOUEN, SUCCESSEUR.

1887.

NOTA. — MM. les Sociétaires qui n'auraient pas encore payé leur cotisation, sont priés d'en adresser le montant (10 francs) à M. LE MAIGRE, Trésorier de la Société, place Toul-al-Ler, n° 8, à Quimper.

(161)

VI

RECHERCHES BIBLIOGRAPHIQUES SUR LES LIVRES LITURGIQUES DE BRETAGNE

ANTÉRIEURS A SAINT PIE V ET AU XVIIe SIÈCLE

Par le R. P. Dom FRANÇOIS PLAINE,
Bénédictin de la Congrégation de France.

Dans les siècles de foi du Moyen-Age et longtemps après encore, en Bretagne, comme dans le reste de la France et du monde chrétien, toute église épiscopale ou abbatiale et quelquefois moins importante possédait ordinairement un ensemble de livres liturgiques, missels et bréviaires, passionnaires ou légendaires, cérémoniaux ou coutumiers qui lui étaient propres et différaient en plusieurs points de ceux de Rome, bien qu'ils appartinssent à la liturgie romaine. Les usages locaux et les offices particuliers occupaient une large place dans ces recueils si dignes d'intérêt. Les patrons du lieu et de la contrée y devenaient entre autres presque toujours l'objet d'hymnes et de chants où leurs vertus et leurs miracles étaient rappelés avec honneur; ils y devenaient surtout l'objet d'un récit historique, qui consacrait le souvenir de leurs belles actions. En un mot, l'antiquité avait réuni là, comme dans un riche arsenal, des trésors de littérature et de poésie, d'histoire et d'hagiographie qui seraient aujourd'hui pour nous, s'ils nous avaient été conservés, d'un prix inestimable.

Malheureusement ces livres étant devenus hors d'usage à la fin du XVIe siècle, après l'introduction dans nos églises du bréviaire et du missel réformés de saint Pie V, ils furent laissés de côté, puis vendus ou dispersés, en sorte qu'on n'en trouve plus actuellement que de très rares exemplaires, quand ils n'ont pas disparu entièrement. C'est une perte qu'on ne saurait trop vivement regretter. Mais il y aurait injustice flagrante à en rejeter la faute sur saint Pie V et sa réforme. Rome, en effet, n'exigeait nullement alors et ne désirait même pas que les églises de France en vinssent à faire abandon intégral des usages liturgiques et des offices propres dont elles étaient précédemment en possession. D'après la teneur littérale des documents pontificaux, on aurait dû agir ici avec discernement, séparer ce qui était ancien, légitime et louable d'avec les superfétations d'origine récente, et d'avec les abus, retrancher ou conserver selon les circonstances (1). Au lieu d'en agir ainsi, on eut le tort de faire table rase du passé pour adopter purement et simplement les livres et les usages romains.

La province ecclésiastique de Tours, dont la Bretagne entière faisait alors partie, se signala ici par un zèle, qui, bien que louable en soi, n'aurait rien perdu cependant à être plus modéré. Presque tout ce qui était office propre, et usage diocésain ou local fut sacrifié et abandonné. Quant aux livres, qui en contenaient l'expression et la teneur, ils furent relégués au fond des bibliothèques, et ne tardèrent pas à disparaître, ainsi qu'il vient d'être dit. Ils étaient cependant encore assez nombreux, principalement les légendaires, dans la première moitié du XVIIe siècle, lorsque les Dominicains du Paz et Albert Le Grand (2) entreprirent leurs travaux historiques et hagiographiques. Mais un siècle plus

(1) Voir les bulles de saint Pie V, de 1568 et 1570, en tête des bréviaire et missel romains.

(2) Albert Le Grand renvoie fréquemment aux légendaires de Nantes, de Vannes, de Saint-Pôl-de-Léon, du Folgoët, de Tréguier, etc., qu'il doit avoir eu entre les mains.

tard, Dom Lobineau et ses confrères ne rencontraient plus déjà que de rares épaves (1). Le mal est bien plus grand aujourd'hui, après les nouvelles ruines accumulées par la Révolution.

C'est pourquoi ayant eu occasion de me livrer à cet égard à des investigations des plus étendues, dans le dessein de colliger les matériaux des *Acta sanctorum Britanniæ* et ayant réussi à réunir un ensemble assez abondant, si je ne me trompe, de renseignements et de notices, il m'a paru utile de faire part au public du fruit de mes découvertes. Les futurs historiens et hagiographes de la Bretagne y trouveront, j'ose l'espérer, un secours précieux pour se guider dans leurs recherches et leurs investigations à travers le passé encore si obscur de notre province.

Pour procéder avec quelque ordre dans mon énumération, je rattacherai à chacun des neuf anciens évêchés de Bretagne la liste ordinairement chronologique des missels, bréviaires, pontificaux, rituels, heures, cérémoniaux et légendaires, qui peuvent s'y rapporter directement. De là, neuf paragraphes successifs. Un § 10e et dernier aura pour objet quelques livres d'heures plus curieux que les autres, mais n'ayant rapport à aucun diocèse en particulier.

§ Ier. — Diocèse de Rennes.

La ville de Rennes, capitale de toute la province de Bretagne, sous nos anciens ducs, et siége ordinaire du Parlement, avant 1789, depuis l'union à la France, a gardé sous le rapport particulier qui nous occupe, en ce moment, plus

---

(1) Dom Lobineau n'en mentionne que neuf en tête de ses *Vies des Saints de Bretagne*; mais il n'est pas impossible que ce savant religieux et ses dignes confrères n'aient un peu négligé le *côté liturgique* dans leurs recherches pour concentrer toute leur activité sur l'histoire et la biographie des familles nobles.

d'un monument important de son ancienne gloire. L'énumération qui suit, des missels et bréviaires, rituels et pontificaux, évangéliaires et heures, va en fournir la preuve.

I — Missels Rennais antérieurs a 1600.

1° L'ordre des temps m'amène à mentionner en premier lieu un missel du XI° siècle (1), qui doit avoir été à l'usage de l'abbaye de Saint-Melaine. Car, au 11 octobre, on indique la *Dédicace de saint Melaine, de Rennes*, tandis que saint Amand et saint Modéran n'y ont même pas une mention.

2° Missel de Rennes, imprimé à Paris, en 1492, chez Antoine Hodian et Jean Alexandre, par ordre de l'évêque Michel Guibé et sous la surveillance de vénérables hommes Jean Le Pileur, Alain Pouchart et Simon Guillotin. Magnifique in-folio, sur vélin, conservé à la Bibliothèque nationale, n° 201 (vélin). Il est orné de nombreuses grandes lettres, de vignettes et de quatre ou cinq grandes gravures à pleine page. Celle du Canon est d'un éclat et d'une beauté qui ont été rarement dépassés en pareil sujet. On y voit aussi reproduit jusqu'à trois fois (au frontispice, le jour de Pâques, et à la fin) l'écu armorié de la famille de Bourgneuf : *d'argent au sautoir de sable, au franc quartier de gueules, chargé de deux poissons d'argent rangés en fasce* (2). On peut conclure de là que Pierre de Bourgneuf, qui fut trésorier du chapitre de Rennes vers ce temps (1494-1523), contribua pour une large part aux frais de cette impression.

3° *Missel du Bienheureux Yves Mahyeuc* (Paris, Bibl. de l'Arsenal). Trente ans plus tard, le B. Yves Mahyeuc fit imprimer de nouveau le Missel de son église avec un vrai

(1) Biblioth. nationale de Paris, manuscrits latins, n° 9439.
(2) Communiqué par M. Anatole de Barthélemy.

luxe. Au frontispice on admire la gravure des apôtres Pierre et Paul. Les lettres ornées et les vignettes sont en grand nombre. Plusieurs gravures à pleine page sont aussi disséminées à travers le volume, et font le plus grand honneur aux artistes inconnus qui travaillaient pour ce saint prélat.

4° Le même Missel fut encore réimprimé, en 1531, mais sans ornementation. Un exemplaire se trouve à Sainte-Geneviève, à Paris.

5° Item en 1557, à Rennes même, chez Chevau et P. Lebret. Un exemplaire de ce missel se trouve à Nantes, chez M. le baron de Wismes.

6° Missel de 1588, publié par Aymar Hennequin. Je n'ai pu encore, à mon grand regret, le consulter, mais on m'a assuré qu'un exemplaire en était conservé au Grand Séminaire de Rennes.

II. — Bréviaires de Rennes et de Saint-Melaine, de Rennes

Les anciens bréviaires de Rennes font un peu défaut, surtout en comparaison des missels.

M. Guéraud, dans ses notes manuscrites pour une bibliographie bretonne (1), affirme bien avoir vu un bréviaire de Rennes, imprimé en 1559. De même l'abbé Tresvaux, attribue à l'évêque Aymar Hennequin la publication d'une nouvelle édition du même bréviaire (1589). Pour moi, je n'ai rencontré que la *Partie d'été* (*Pars aestivalis*) dudit bréviaire, imprimé à Paris en 1514. Ce livre appartenait (vers 1850) à M. Paul Vatar, oncle de M. Ambroise Jausions, imprimeur et bibliophile des plus érudits. Ce dernier devint ensuite possesseur du précieux volume qui, transmis

(1) Manuscrits de Nantes à la Bibliothèque communale.

à son fils, mon excellent ami et frère en religion, le R. P. Dom Paul Jausions, mort en 1870, se conserve aujourd'hui à l'abbaye de Solesmes.

La même abbaye possède aussi un *Bréviaire de saint Melaine*, de Rennes, imprimé en 1525, avec simplicité et sans ornementation. Il est complet et fort digne d'intérêt (1). Un second exemplaire du même bréviaire se trouve à Paris (Biblioth. de Sainte-Geneviève).

III. — Pontifical de Michel Guibé, évêque de Rennes.

Sous ce nom, que je conserve pour me conformer à l'usage, on désigne un simple missel ne renfermant que les messes célébrées solennellement par l'évêque en personne. Du moins tel est le Pontifical de ce prélat, appartenant à la bibliothèque du chapitre de Rennes. M. Le Gonidec de Tressan en possède un second exemplaire, que je n'ai pas eu l'avantage de consulter.

IV. — Rituel de Rennes.

Imprimé à Caen ou à Rennes, par Jean Macé, vers 1500. Un exemplaire se conserve à la bibliothèque de Vitré, mais je n'ai pu l'y consulter.

2° Item. *Manuale Redonense*, imprimé à Rennes chez Guillaume Chevau et P. Lebret, en 1557. Un exemplaire se conserve chez les Eudistes de Rennes.

V. — Évangéliaire de Saint Georges, de Rennes.

Il remonte au XII° siècle. Il a été décrit avec le plus grand soin par M. Paul Delabigne-Villeneuve, dans ses Prolégomènes sur le Cartulaire de saint Georges.

---

(1) Il a appartenu autrefois à M. Baron du Taya, conseiller à la Cour de Rennes, démissionnaire en 1830, bibliophile distingué et a été offert par sa famille à la bibliothèque de Solesmes.

VI. — Heures de Rennes.

On en connait un exemplaire, imprimé à Caen en 1489. C'est un petit in-8°, sur vélin, imprimé en caractères gothiques, avec figures et encadrement gravé sur bois. Il porte au verso du dernier feuillet la marque de P. Regnault, libraire.

VII. — Statuts et Cérémonial de Rennes

On en connait deux exemplaires, de date différente, l'un du XVe siècle, à la Bibliothèque du chapitre de Rennes; l'autre du XVIe à la Bibliothèque nationale de Paris, manuscrits latins, n° 5323.

§ 2. — Diocèse de Nantes.

La ville de Nantes, qui a quelquefois disputé à Rennes l'honneur d'être capitale de la Bretagne, en raison de son étendue et du chiffre de sa population, ne le cède en rien à sa rivale sous le rapport qui nous occupe, ou plutôt elle est plus riche, sinon en imprimés, du moins en manuscrits. En outre, son évêque et son clergé surent mieux faire usage des richesses liturgiques dont nous parlons, en 1857, lors du retour à la liturgie romaine. En puisant, en effet, largement dans ce trésor, ils rédigèrent un excellent *Propre Nantais*, qu'un bon juge en pareille matière, le R. P. dom Guéranger, se plaisait à proposer pour modèle. Je n'ai eu qu'à puiser moi-même dans ce Propre pour en extraire la plupart des renseignements qui suivent.

I. — Missels Nantais

1° Missel de 1450. Magnifique in-folio sur parchemin, avec lettres ornées, enluminures, il se conserve à la Bibliothèque du Grand Séminaire.

2° Missel de 1482 ou de l'évêque Pierre du Chaffaut, imprimé non à Vannes, comme l'a cru Travers, mais à Venise. Il est conservé à la bibliothèque publique de Nantes.

3° Missel de Nantes, imprimé à Nantes en 1501, par Guillaume Larchier.

4° Missel de Nantes, imprimé à Rouen en 1520, chez Guillaume Morin.

5° Missel de Nantes, imprimé par Vincent Huet, imprimeur de l'Université de Nantes en 1588. Un exemplaire s'en conserve à la Bibliothèque de Nantes.

II. — Bréviaires de Nantes

1° Bréviaire Nantais, manuscrit du XIVe siècle, conservé à la Bibliothèque de Nantes, sous le n° 1289.

2° Bréviaire Nantais, manuscrit du XVe siècle. conservé à la Bibliothèque de Nantes sous le n° 1290.

3° Bréviaire imprimé à Paris en 1518, par ordre de l'Évêque François Hamon, in-8°. M. Saullay de l'Aistre (Saint-Brieuc) en possédait un exemplaire en 1857. Qu'est-il devenu après sa mort?

III. — Rituels et Cérémoniaux

1° *Ordo Eliæ Cantoris*, manuscrit latin de 1263, conservé à Sainte-Geneviève de Paris, sous le n° BB, 4. Ce document n'est pas un Légendaire, comme on l'a parfois insinué dans une polémique récente sur la question de saint Clair, mais un simple relevé des fêtes particulières de l'église cathédrale de Nantes.

2° *Manuale Nannetense*, imprimé à Paris (vers 1560), par ordre de l'évêque Antoine de Créquy. On en connaît trois exemplaires : un à la Bibliothèque nationale, un à Sainte-Geneviève de Paris; le troisième à la Bibliothèque publique de Nantes.

IV. — Heures de Nantes

1° *Heures à l'usage de Nantes*, manuscrit latin (XVe siècle) dû au calligraphe J.-B. Girault, conservé à Londres (British Museum, codices latini, n° 19,982).

2° Heures de Nantes. — Nantes, 1498, Larchier.

3° Heures de Nantes. — Paris, 1501, Simon Vostre. Elles sont ornées de nombreuses vignettes et enluminures.

4° Heures de Nantes. — Nantes, 1582, Nicolas Chesneau; impression gothique avec vignettes.

§ 3. — Diocèse de Vannes.

Si Rennes et Nantes offrent de vraies richesses au chercheur d'antiquités liturgiques, les autres villes épiscopales de l'ancienne province de Bretagne sont loin d'être aussi bien partagées ; Vannes, en particulier est pauvre, au moins relativement. Voici, en effet, tout ce que j'ai pu découvrir en ce qui la concerne.

1° Un missel manuscrit, inscrit à la Bibliothèque nationale de Paris, sous le n° *latini 172, nouvelles acquisitions*, rédigé vers 1457 par maître Jean Inisan, chanoine de Vannes. C'est un travail privé, qui manque d'autorité comme document liturgique.

2° Missel imprimé de 1535.

3° Bréviaire imprimé de 1589.

Je n'ai pu voir de mes yeux ni ce missel, ni ce bréviaire. Mais M. l'abbé Chauffier a eu l'un et l'autre entre les mains vers 1878, et s'est donné la peine de m'en faire une analyse aussi exacte que fidèle. On y voit entre autres choses que la fête de saint Clair, évêque (10 octobre), se célébrait à Vannes de temps immémorial.

§ 4. — Diocèse de Quimper ou de Cornouaille.

Quimper est encore plus pauvre que Vannes. J'en suis à ignorer si jamais bréviaire ou missel *ad usum proprium Corisopitensis Ecclesiæ* a été livré à l'impression. Mais, ce que je puis affirmer de *visu* : c'est que : 1° la fabrique de Landerneau possède une sorte de bréviaire romano-gallican de la fin du XV° siècle, dans lequel se trouvent les offices (propres à Quimper), de saint Corentin, de saint Ronan ; et c'est que 2° le musée Bollandien (Bruxelles) conserve un *Sanctorale Corisopitense,* imprimé vers la fin du XV° siècle et du plus haut intérêt pour la Bretagne, en raison des légendes de saints bretons, qui y sont insérées.

§ 5. — Diocèse de Saint-Pol-de-Léon.

La ville, autrefois épiscopale mais aujourd'hui simplement cantonale de Saint-Pol-de-Léon, est plus riche que le chef-lieu du Finistère sous le rapport qui nous occupe. Elle nous a transmis, en effet :

1° Missel de Léon (Paris, Yves Quillevère, 1526).

Imprimé avec luxe, orné de vignettes et de superbes gravures. M. Pol de Courcy en conserve un exemplaire à Saint-Pol même.

2° Missel manuscrit (de Léon) vers 1580.

Ce missel a été à l'usage particulier du vénérable Roland de Neufville qui était évêque de Léon à la fin du XVI° siècle. Il se conserve à Lyon, manuscrits latins, n° 441.

3° Bréviaire de Léon (Paris, Didier Maheu, 1526).

J'en connais deux exemplaires, mais l'un et l'autre incomplet, partie d'hiver seule : le premier à Paris, Bibliothèque nationale, le deuxième à Ploërmel, à la Maison-Mère des Frères Lamennais.

4° Missel de saint Vougay, Xe siècle.

La paroisse de Saint-Vougay, qui appartenait avant 1789 au diocèse de Léon, conserve un *débris de missel,* au sujet duquel on a souvent avancé faussement qu'il avait été à l'usage du *saint* de ce nom et qu'il se rattachait à l'ancienne liturgie Gallicane. J'ai pu constater *de visu* qu'il était *Romain* et ne pouvait remonter plus haut que le Xe siècle. D'ailleurs, il ne se compose plus que de 40 ou 50 feuillets à demi rognés par un relieur ignorant et placés sans aucun ordre. Tel quel, il n'en est pas moins curieux (1).

§ 6. — Diocèse de Tréguier.

L'ancienne ville épiscopale de Tréguier, aujourd'hui réduite, comme Saint-Pol, au simple titre cantonal, ne nous en a pas moins transmis de même plus d'un monument liturgique, digne d'attirer l'attention. En voici l'énumération dans un ordre purement chronologique.

1° Bréviaire de saint Yves, XIIIe siècle.

On désigne sous ce nom un bréviaire manuscrit, de petit format, et qui doit avoir été de fait à l'usage du saint Patron des avocats. Les lettres sont gothiques et ornées avec goût. Les feuillets sont écrits sur deux colonnes, avec frise gracieuse s'enroulant tout autour. Malheureusement ici encore ce n'est plus qu'un débris qui nous reste. Pendant longtemps une piété mal entendue en a dispersé les feuillets pour satisfaire à la dévotion indiscrète des fidèles. En 1876 je n'y ai plus compté que 92 feuillets, réunis sans aucun ordre par un relieur insouciant. Saint Melaine et saint Malo sont les seuls saints bretons qui y figurent.

---

(1) Voir un travail spécial que j'ai publié à ce sujet dans la *Revue de l'art chrétien,* année 1876.

2° Légendaire de Tréguier (XVe siècle), Paris, Bibliothèque nationale, manuscrits latins, n° 1148.

3° Missel de Tréguier, manuscrit latin de la fin du XVe siècle.

4° Bréviaire de Tréguier, manuscrit latin de la fin du XVe siècle.

Ces deux manuscrits, qui se conservent au Petit Séminaire de Tréguier, renferment un certain nombre de messes et d'offices propres, ce qui leur donne un véritable intérêt au point de vue hagiographique.

On le voit aussi, Tréguier ne nous offre que des manuscrits, et j'en suis à ignorer si ses livres d'office ont été livrés à l'impression avant le XVIIe siècle.

§ 7. — Diocèse de Saint-Brieuc.

La ville de Saint-Brieuc, moins riche en manuscrits liturgiques que Tréguier, qui lui est aujourd'hui subordonné dans l'ordre religieux comme dans l'ordre civil, nous a transmis en retour deux monuments imprimés, d'une haute valeur.

1° Office de Saint-Brieuc.

Manuscrit latin de la fin du XVe siècle, conservé à la Bibliothèque nationale, sous le n° 1149; l'écriture en est difficile à déchiffrer. On y trouve une partie assez notable de la *Vie latine* de saint Brieuc, que j'ai publiée récemment.

2° Missel de saint Brieuc, Rouen, Augier, 1543, conservé à Paris, Bibliothèque Mazarine, n° 11879.

3° Bréviaire de saint Brieuc *(Breviarium de Trinitate ad usum Ecclesiæ Briocensis)*, Rennes, G. Chevau, 1548, vol. in-8°.

Un exemplaire (partie d'été seulement) se trouve à Paris,

Bibliothèque nationale. Un second, celui-ci complet, appartenait au savant archéologue récemment décédé et si vivement regretté, M. Gaultier du Mottay, et a été donné par lui à l'évêché de Saint-Brieuc.

§ 8. — Diocèse de Saint-Malo.

La ville de Saint-Malo, qui fait aujourd'hui partie de l'archidiocèse de Rennes, a possédé autrefois un titre épiscopal, et nous a transmis plusieurs monuments de son ancienne liturgie.

1° Pontifical d'Aleth *(Pontificale Lan Aletense)*, manuscrit du Xe siècle.

Ce manuscrit appartenait autrefois à l'abbaye de Jumièges et se conserve aujourd'hui à la Bibliothèque de Rouen, sous la cote A. 27. Je n'ai pas eu, à mon grand regret, l'avantage de le consulter, mais j'ai peine à croire que ce soit un Pontifical. Je pense qu'il y a là quelque chose comme un Missel ou Bénédictionnal.

2° Missel de saint Malo, manuscrit latin, XVe siècle.

Ce manuscrit, conservé à Nantes sous le n° 1332, est fort beau, mais, en le parcourant, je n'ai rien trouvé qui put le faire attribuer à l'église de Saint-Malo de préférence à toute autre église.

3° Bréviaire de saint Malo.

Ce Bréviaire doit avoir eu plusieurs éditions. Les Bollandistes citent celle de 1517, au 1er juillet, à propos de saint Leonorius (saint Lunaire) ; item celle de 1489 à propos de saint Armel (16 août). Un exemplaire de celui-ci se trouvait, en 1878, dans la bibliothèque du prince Charles de Bourbon, comte de Villa-Franca. (Voir Polybiblion., tomo 27, p. 245). Il y a eu aussi une édition de 1537, dont un exemplaire se conserve à Saint-Malo (Bibliothèque publique).

4° Cérémonial et Légendaire de saint Méen.

L'abbaye de Saint-Méen faisait autrefois partie du diocèse de Saint-Malo. C'est *pourquoi*, *bien* qu'elle appartienne aujourd'hui à celui de Rennes, j'ai réservé à cette place la mention de ce document latin (fin du XV° siècle), dont on devine facilement l'importance. Il se conserve à la Bibliothèque nationale, sous la cote *Latini*, n° 9889.

§ 9. — Diocèse de Dol.

La ville de Dol est aujourd'hui bien déchue de son ancienne grandeur, mais elle a joui pendant de longs siècles d'un titre archiépiscopal, et le titre épiscopal lui était demeuré jusqu'en 1789. Personne ne sera donc surpris de savoir qu'au XVI° siècle et antérieurement elle conservait encore quelque chose de sa splendeur.

Dol compta parmi ses évêques, au XV° siècle, Alain de Coëtivy, qui devint cardinal, et le célèbre Thomas James. Ils furent l'un et l'autre amis des lettres et des arts. Il nous reste un missel que le dernier commanda pour lui à l'un des plus célèbres miniaturistes du XV° siècle, Attavante.

1° Le Missel (manuscrit) dudit Thomas James, est conservé à la cathédrale de Lyon (1).

2° Missel de Dol, Paris, 1522, Jean du Pré, conservé chez les Eudistes de Rennes.

3° Bréviaire de Dol, Paris, 1516, Didier Maheu.

Il fut publié par ordre de l'Évêque Mathurin de Plédran. Un exemplaire incomplet se trouve à Paris (Bibliothèque de Sainte-Geneviève).

(1) Voir une brochure spéciale de M. Léopold Delisle sur ce missel.

4° Missel dit de saint Jacut.

A Dol se rattache l'abbaye de Saint-Jacut, dont le territoire fait aujourd'hui partie intégrante du diocèse de Saint-Brieuc. C'est pourquoi je signale ici un missel conservé à la Bibliothèque de Rennes (manuscrit n° 8) et inscrit au Catalogue sous le titre : *Missel de saint Jacut*. Je ne voudrais pas assurer que cette attribution soit authentiquement justifiée.

§ 10. — Heures.

Mon but n'est pas d'inscrire ici tous les livres d'heures bretons qui sont passés entre mes mains, mais uniquement ceux qui, n'ayant trait en particulier à aucun de nos anciens diocèses, n'en offrent pas moins le plus grand intérêt au point de vue de l'histoire et de l'hagiographie bretonne.

Ce sont dans l'ordre des temps :

1° Livre d'heures de Marguerite de Clisson (vers 1420), manuscrit latin de la Bibliothèque nationale, n° 10428, petit in-8°, sur parchemin, avec ornements et vignettes.

Au folio 29 v°, se trouve le portrait de la princesse avec son écu, au premier d'hermines, qui est Bretagne, au deuxième de gueules, qui est Clisson, son mari.

Folio 293 v°, à propos de saint Georges, portrait du Bienheureux Charles de Blois, père de la princesse.

2° Livre d'heures de Pierre II, duc de Bretagne (1460), même dépôt, *latins*, n° 1159.

3° Livre d'heures de Marguerite de Bretagne, dame de Goulaine, manuscrit du XV° siècle, conservé chez le marquis de Goulaine (Loire-Inférieure). Je n'ai eu l'avantage de consulter ni ce dernier ni le précédent ; mais je puis parler à bon escient du suivant.

4° Livre d'heures en breton.

Conservé à Saint-Pol-de-Léon par un archéologue et un érudit des plus connus, M. Pol de Courcy ; il a été mis entre mes mains par son possesseur. J'ai pu feuilleter à loisir ce livre rarissime où tout est curieux : les saints bretons du pays de Léon et de la Cornouaille y sont nombreux ; la plupart des prières usuelles y sont même reproduites en langue bretonne ; mais j'ai vainement cherché un nom d'imprimeur ; *item* le lieu et la date de l'impression. (1)

Tels sont les quelques renseignements que je suis heureux de consigner dans ce mémoire, sur les livres liturgiques de Bretagne antérieurs à saint Pie V. J'ai dû me borner presque uniquement à offrir des notes bibliographiques, car si j'eusse voulu traiter un pareil sujet au point de vue liturgique, historique ou hagiographique, ce n'est pas un simple article, c'est tout un volume qu'il m'eut fallu écrire. Encore dois-je avouer que même au point de vue simplement bibliographique, ce que j'ai recueilli est bien incomplet et les lacunes abondent. Mais, j'ose espérer que les curieux et les érudits me tiendront compte de ma bonne volonté et estimeront en raison de l'insoucience et de la négligence qui ont laissé dans le passé tant de trésors disparaître et se perdre, que la gerbe d'épis, qui ont été glanés par moi de côté et d'autre, avec une vraie sollicitude, a quelque prix et mérite qu'on lui donne place dans les bibliothèques. Quant aux historiens et aux hagiographes, qui auront par la suite à s'occuper de notre province de Bretagne, qu'ils me permettent de les conjurer de feuilleter à loisir et la plume à la main les documents, dont la liste vient de passer sous leurs yeux. Je suis convaincu qu'ils y trouveront autant d'intérêt et de charme que d'utilité et de profit. C'est là qu'ils apprendront à connaître l'ancienne Bretagne, ses usages et ses coutumes religieuses, l'histoire authentique de ses saints, et mille détails de prix sur lesquels je ne puis en ce moment appeler leur attention.

---

(1) Un autre exemplaire de ces heures bretonnes existe dans la bibliothèque du château de la Grand-Ville, et appartient à M. le comte Emmanuel de Kergariou. Il a été imprimé à Calcutta, en 1875, sous le titre : MIDDLE-BRETON HOURS, avec une traduction et un Glossaire index, par M. Whitley Stokes.

www.ingramcontent.com/pod-product-compliance
Lightning Source LLC
LaVergne TN
LVHW020515230826
846091LV00008BA/3486

* 9 7 8 2 0 1 9 2 1 7 0 8 2 *